NOUVEL ELOGE

DE MESSIRE

FRANÇOIS DE HARLAY,

ARCHEVESQUE DE PARIS,

DUC ET PAIR DE FRANCE,

COMMANDEUR DES ORDRES DU ROY.

Publié le 6 d'Aoust 1696. jour Anniversaire de sa mort.

A PARIS,

Chez JACQUES LANGLOIS, Imprimeur ordinaire du Roy, ruë S. Jacques, à l'Image S. Vincent.

M. DC. XCVI.

AVEC PERMISSION.

DES perſonnes de merite m'ayant repro-
ché depuis peu, que je n'avois pas aſſez
loüé feu M^r L'ARCHEVESQUE dans mon pre-
mier Eloge, m'exhorterent plus d'une fois de
travailler à un ſecond. J'aurois eu peine à m'y
réſoudre, s'il n'avoit eſté du reſpect d'avoir autant de complaiſance à leur obéïr, qu'ils témoi-
gnoient d'empreſſement à le déſirer; je ſçai que
l'Eloge eſt le chef-d'œuvre de l'Orateur, & que
s'il n'oſe ſans trembler en entreprendre un pre-
mier, il doit regarder le ſecond comme un écüeil
fatal où s'ira briſer tout ſon Art. Mon peu de
forces me perſuade mieux qu'à un autre, que
le naufrage eſt preſque aſſuré, mais j'eſpere
qu'on excuſera par le Zele du cœur ce qui man-
que à la piece du coſté de l'eſprit. Ce Panegi-
rique eſt tout neuf, & j'ai pris ſoin de n'y em-
ploier ni faits, ni penſées, ni aucune expreſſion
de l'autre. Au reſte je n'apprehende point que
l'on m'accuſe de flatterie, ni d'avoir rien ou-

tré ; il y a long-temps que je suis persuadé qu'il n'est rien de beau sans la verité. *Quand* on loüe un merite extraordinaire il est beaucoup plus prudent de diminuer de son éclat pour le rendre croyable , que de l'augmenter pour le rendre plus surprenant.

NOUVEL
ELOGE
DE FEU
MONSEIGNEUR
L'ARCHEVESQUE

U'IL me foit permis de rendre un nouvel Hommage à la mémoire de feu M. DE HARLAY, & de jetter encore une fois des fleurs fur fon Tombeau. Quand on eft pénétré de refpeċt & d'admiration, eft-on le maiftre de contenir cette plenitude d'eftime ? Il eft aifé de fuccomber à la tentation d'efcrire ce qui fait un fi-grand plaifir & tant d'honneur à publier. Le grand Homme ! c'eft un Aigle dont je ne puis fuivre le vol. Ceci n'eft point flatterie. Qu'en efperer

efperer aprés fa mort? ni de ces doux entoufiaf-
mes qu'infpire la vivacité de la reconnoiffance.
Quand je me reprefente tous les talens de ce
Prélat, je tremble à faire fon portrait, le Pin-
ceau me tombe des mains, les paroles me man-
quent, & je n'exprime fa grandeur que par l'ex-
cés de ma furprife.

Tout parloit d'abord, tout prévenoit en fa faveur. Une preftance admirable, des yeux qui
eftoient tout efprit, un air doux & benin, une
bonne grace inimitable dans les Cérémonies ;
par deffus tout cela, un certain brillant qui lui
eftoit particulier. Le brillant dont je parle, eft
je ne fçai quel luftre qui rehauffe, pour ainfi dire,
les grandes qualitez, qui de bonnes les rend Héroïques, & qui les fait paffer du grand au merveilleux. Dans toutes fes actions, jufques aux plus
fimples, il y avoit de l'élevation ; rien de gefné
dans fes manieres, tout couloit de fource; c'eftoit
pur genie. Mais Dieu, quel genie ! capable des
plus grandes chofes, exact dans les plus petites,
d'un gouft & d'un difcernement exquis, profond
dans les affaires, fubtil & fleuri dans les matieres de bel efprit, genie vafte, fort, pénétrant,
mefurant mieux que qui ce foit toutes les fuites
d'une affaire, heureux à la terminer.

Qu'il le faifoit beau voir donner des Audiances publiques ou particulieres. Qu'il faifoit béau
le voir écouter avec patience, entretenir avec
plaifir, fatisfaire fans confufion une foule de gens
dé tout caractere, qui venoient ou le confulter

ou

ou recevoir fes Ordres fur affaires toutes differentes. Lorfqu'on voit ces merveilles, à peine
croit-on ce que l'on voit. On doute s'il n'y a
point plufieurs hommes dans ce Héros, ou plufieurs fortes de Héros dans ce feul & dans ce
mefme homme. L'eftenduë de fon genie épuifoit
l'imagination, & il avoit bien moins de peine à
faire avec facilité ce prodigieux nombre de chofes, qu'on n'en avoit à concevoir comment il
les pouvoit faire.

Quand on eft dans les grands Emplois, on
eft fouvent fi fatigué de l'affiduité du travail &
de l'importunité des hommes, qu'il eft bien difficile que la patience n'efchape, c'eft de tous les
deffauts le plus pardonnable & comme il eft
prefque impoffible de n'y pas tomber fans miracle, on ne peut gueres le blafmer fans une efpe-
ce de dureté ; dans ce continuel embarras d'affaires, de perfonnes dont Mr DE HARLAY
eftoit affiégé ; l'a-t-on jamais vû chagrin ou
impatient? Lui a-t-il efchapé une parole dure ou
quelque raillerie piquante? J'en appelle à témoin
ce nombre infini d'hommes de tous les Ordres,
qui ont eu quelque occafion de le voir ou de lui
parler.

Mais peut-eftre que ce Grand Homme eftoit
bien different dans le particulier ; dans cette vie
privée, où l'homme met le mafque bas, & où
vivant fans précaution, fouvent il fe dédomma-
ge de la contrainte que lui impofe la gravité du
caractere; comment en ufoit Mr DE HARLAY avec

f   fes

ſes amis ? S'ils conſervoient toûjours un grand
reſpeɛt pour lui , quelle bonté & quelle complaiſance n'avoit-il point pour eux ? Ouvert , civil ,
honneſte, ſans jamais exiger, ni de deſerence ſer-
vile , ni de circonſpeɛtions geſnantes , ſçavant
dans l'art d'écouter & dans celui de bien répondre, il inſtruiſoit ſans contredire , & d'une maniere obligeante il engageoit à l'écouter avec
plaiſir , & à répondre avec confiance. En ces
momens de liberté, plus l'eſprit eſtoit affranchi
de ces incommodes bienſceances, plus il eſtoit
vif & brillant; mais autant qu'il y avoit d'élegan-
ce & de politeſſe dans ces diſcours ſimples & de
converſation, autant y avoit-il de grand & de
patetique dans ſes Harangues & dans ſes Sermons.

Lorſque l'on examine les avantages conſide-
rables que l'éloquence de la Chaire donne aux
Prédicateurs, on eſt ſurpris d'en voir ſi peu qui
réüſſiſſent ; tout concourt, pour ainſi parler, à les
rendre victorieux, ſoit du coſté de l'Auditeur ,
qu'ils ſe propoſent de convaincre ſoit du coſté
de la matiere qu'ils entreprennent de traiter; l'un
eſt tout préparé aux impreſſions que l'on lui
donne, tant par les douces eſperances du bon-
heur que l'on lui promet, que par la crainte des
Supplices dont chaque jour on le menace ; d'un
autre coſté les ſujets de Prédication ſont ſi ma-
jeſtueux, cette matiere eſt ſi ſublime, qu'elle ſe
ſouſtient ſuffiſamment par ſa propre grandeur.
Lors, dis je, qu'on fait réfléxion ſur ces avantages, on admire d'abord, & ce ſemble avec ſujet,
que

que parmi ce grand nombre qu'on entend de
Prédicateurs, il y en ait si peu qui excellent &
qui se distinguent; cependant quand on a bien
examiné les talens extraordinaires qu'il faut avoir
pour devenir un Prédicateur accompli, on est
encore plus estonné qu'il y en ait qui le devien-
nent; combien faut-il se posseder pour ne jamais
s'abandonner, ni au feu de l'esprit, ni aux sail-
lies hautaines d'une imagination trop vive? Quel
jugement ne faut-il point pour chastier ses pen-
sées, mesurer ses paroles, arranger ses matieres,
& pour leur donner à propos leurs couleurs pro-
pres & naturelles? Quoy de plus rare que cette
admirable justesse dans laquelle consistent toutes les graces du discours? Outre ces talens il
faut de l'exterieur, un geste beau & naturel, une
voix claire & distincte, une prononciation aisée;
voit-on bien des Prédicateurs qui ressemblent à
ce modelle?

Quelqu'un a-t-il eu toutes les parties de l'O-
rateur en un dégré plus éminent, que les posse-
doit M. DE HARLAY? Je ne parle point des
graces du Corps, on n'a point approché de sa
maniere de prononcer, & on ne voit que rarement des gens de sa bonne mine, excellent à
peindre les mœurs, solide dans ses raisonnemens,
adroit à les bien placer; d'ailleurs, d'une véhé-
mence si noble, qu'il n'échauffoit pas seulement,
mais remuoit comme il le vouloit l'ame de l'Auditeur; ce concours inoüi qui le suivoit par tout
ne lui faisoit pas tant d'honneur que toutes ces
grandes

grandes qualitez, qui font autant de prefens que le Ciel ne fait qu'à tres-peu de monde.

Cette Eloquence victorieufe n'eftoit pas feulement l'effet d'un heureux naturel, mais encore le fruit de fes veilles & d'une eftude continuelle; il y avoit confacré fa plus floriffante jeuneffe, méprifant ces ames oifives qui n'apportent aux Dignitez d'autre préparation que celle de les défirer. Dans l'âge avancé il eftudioit encore quatre ou cinq heures tous les jours; donnant à ce plaifir tout le temps qu'il pouvoit dérober à fes autres emplois, bien éloigné de l'humeur de ces pareffeux qui fe font une occupation de leur amufemens, & qui ne donnent à l'Eftude que les malheureux reftes d'une oifiveté languiffante,

C'eftoit un des plus fçavans Hommes qui ait paru depuis long-temps. Il fçavoit tout, Sciences, Hiftoire, belles Lettres : Il poffedoit parfaitement tous les Peres Grecs & Latins, fur tout Saint Auguftin, dont il recitoit fur le champ, fur des matieres imprévües, des paffages de quinze & vingt lignes. Immenfes Recüeils, où autrefois dans fes Retraites, il renferma toute la fleur & ce qu'il y a de plus folide dans toutes ces lectures, vous pourriez eftre les témoins de ce que je publie. Au refte fon efprit n'eftoit pas moins net pour avoir tant de connoiffances; la vafte Erudition fouvent obfcurcit l'efprit, à force de fçavoir on devient confus, & quelquefois le trop de lumiere ébloüit pluftoft qu'il n'éclaire

re; la mémoire prodigieuſe de M. DE HARLAY,
lui fourniſſoit à tous momens mille idées ſur un
ſujet, mais il eſtoit tellement maiſtre de tout ce
qu'il ſçavoit, qu'elles ne ſe preſentoient jamais
que dans l'ordre qu'il le vouloit.

Sa paſſion pour l'Eſtude lui faiſant aimer les
Sçavans; il avoit pour eux des égards tout par-
ticuliers, mais ce n'eſtoit pas une inclination ſté-
rile. Ravi de publier & de répandre le vrai mérite, empreſſé à le couronner; il n'avoit point de
plus grande joïe que de pouvoir faire du bien, &
il ſentoit plus de plaiſir à accorder quelque grace, où à la procurer, qu'on n'en avoit à l'obte-
nir. Que cette magnanimité eſt d'un bel orne-
ment dans les grandes Places; ſi elles donnent de
l'autorité, les bienfaits doivent rendre cette autorité agréable; les ames Héroïques peu touchées
de l'Empire que la crainte leur donne, ſe for-
ment par leurs bienfaits un Empire plus noble &
plus relevé, qu'elles ne doivent qu'à leur vertu.
Telle fut la maxime de Mʳ DE HARLAY. Il ne
trouvoit rien de plus beau que de rendre tout le
monde heureux; c'eſtoit ſon plus grand déſir, &
d'accorder, s'il avoit pû, tout ce qu'on pouvoit
ſouhaiter; mais comme ce n'eſt faire du bien qu'à
demi, quand on le donne de maniere qu'on a
honte à le recevoir; de combien d'agrémens ne
ſçût-il pas aſſaiſonner toutes les graces qu'il faiſoit; s'il obligeoit, parce qu'il donnoit, il char-
moit par l'honneſteté avec laquelle il donnoit,
n'eſtimant pas qu'on lui fuſt redevable ſi on ne
g　　　l'eſtoit

l'eſtoit avec plaiſir. Oſerois-je découvrir un miſtere du cœur auſſi honteux qu'il eſt commun; rarement aime-t-on les gens auſquels on eſt trop obligé. Les bienfaits extraordinaires, quand le beſoin en eſt paſſé, commencent à nous eſtre à charge, & l'impatience de s'acquitter, ſi loüable en apparence, n'eſt ſouvent qu'un dépit ſecret d'eſtre trop long-temps redevable; la dépendance où ils nous mettent humiliant noſtre orgueil, on a honte de trop devoir, au lieu qu'on devroit rougir de ne pas reconnoiſtre aſſez vivement ce que l'on doit.

Monſieur DE HARLAY, loin d'exiger qu'on publiaſt ſa generoſité, ſouvent impoſoit ſilence à la reconnoiſſance, n'accordant les plus grands bienfaits que ſous la condition d'une apparente ingratitude; mais plus on veut retenir la reconnoiſſance captive, plus elle cherche à éclater, ſemblable à ces feux ſouſterrains, qui ne pouvant ſortir par le haut de leur antre, ſe font mille ouvertures par d'autres endroits de leur priſon, pour faire ſortir peu à peu l'impétuoſité de leurs flammes; jamais il ne donna rien qu'il ne fuſt moindre que ſes deſirs, & qu'il n'accompagnaſt d'une eſpece de confuſion, toujours meſme de quelque excuſe de ce qu'il donnoit ſi peu; mais mettons cette belle ame à une épreuve plus difficile. S'il y a du grand à faire du bien à ceux qu'on aime, ou qu'on eſpere de gagner, il n'y a que les ſeuls Héros & les parfaits Chreſtiens qui puiſſent combler de bienfaits ceux qu'on a ſujet de hair.   C'eſt

C'eſt un grand malheur d'avoir des ennemis, ſoit parce qu'ils nous haïſſent, ſoit parce qu'il eſt difficile de ne les pas haïr, cependant quand on eſt d'un mérite où d'un rang extraordinaire, quelque ſoin que l'on puiſſe prendre de parer ce malheur, on doit s'attendre à ne le pouvoir éviter; les Ennemis les plus cruels que les Grands Hommes puiſſent avoir, ſont les envieux. Si Dieu couronne les premiers, il permet qu'ils ſoient la victime de la médiſance des autres, peut-eſtre pour nous faire voir qu'il n'eſt point en ce monde, ni de douceur ſans amertume, ni d'amertume ſans douceur; c'eſt en vain qu'on ſe flatte que l'envie cede à la vertu, & que l'éclat d'un grand mérite diſſipe les nüages dont on s'efforce de l'obſcurcir. La médiſance bien au contraire ne s'attache communément qu'à noircir les plus belles vies; ſoit parce que plus le mérite éclate, plus il irrite les jaloux, ſoit parce qu'aſſez ſouvent les plus grandes vertus ſont meſlées de quelques deffauts, comme ſi tout ce qui nous éleve au deſſus de nous-meſme, dérégloit noſtre ame en la tirant de ſa ſituation ordinaire.

L'éclat de la fortune de M^r DE HARLAY, ce crédit, ce génie ſupérieur, cette haute réputation acquiſe par tant d'actions d'une mémoire immortelle, l'eſtime & la confiance dont le Roy l'honoroit depuis ſi long-temps, ſa vigilance & ſon zéle à déraciner l'Héréſie & à proſcrire les nouveautez, l'avoient ſi fort exposé

poſé à la malignité des Hommes, que peut-eſtre n'en fut-il jamais contre lequel la médiſance ait plus ſignalé ſa fureur. L'Héréſie, le faux zele ſe déchaiſnerent à l'envi. Cruelle occaſion, heureuſe cependant, ſi j'oſe parler de la maniere, pour ménager à ce Grand Homme un Triomphe digne de lui. L'honneſte Homme ſe montre par tout, mais le Héros ne ſe fait voir que dans les grandes conjonctures. C'eſt dans ces Triomphes ſi difficiles à remporter que l'on découvre au vrai ce qu'il y a de merveilleux dans le cœur des Hommes extraordinaires.

Que fait Mr DE HARLAY dans ces conjonctures? N'eſt-il point ébranlé de voir ſa réputation en proye à tant de Vautours? Son courage & ſa fermeté ſuccomberont-ils ſous le nombre, ſous l'effort de ſes ennemis? Son cœur tout de feu ne l'excite-t-il point à la colere, à la vengeance; l'honneur eſt un bien ſi cher que quand on veut nous le ravir, on ſe flatte que la juſtice nous oblige à le deffendre. L'amour propre auſſi ruſé que violent, fournit mille raiſons pour autoriſer la vengeance, ainſi trompé, parce qu'on le veut, par des prétextes ſi ſpécieux, on ſe croit tout permis quand on eſt offenſé, & que ſans violer les Loix de la Religion on peut perdre ſon Ennemi, mais les Héros ſe vengent d'une maniere bien plus noble.

On ne craint les injures que quand on les merite; plus Mr DE HARLAY a de moyens de ſe venger, moins il en a de volonté; ce qui fomen-

te,

té, ce qui aigrit la paſſion des autres Hommes,
appaiſe, adoucit la ſienne. Il pardonne à ſes ennemis, il les combat par ſes biensfaits & par un
traitement d'autant moins attendu,qu'ils l'ont peu
mérité, il récompenſe ceux qu'il auroit eu droit
de punir, il en tire une double gloire, & de pouvoir punir l'offenſe & de la ſçavoir oublier, ainſi
il s'érige un Trophée ſur les ruines de l'envie ,
pour eſtre à jamais un monument de ſa puiſſan-
ce, un monument de ſa bonté. Que ce triomphe
fait d'honneur à la Religion , & qu'il eſt beau
quand on pardonne, de ſurmonter l'inimitié en
gagnant l'ennemi ! Mais pouvoit-on moins attendre d'un Prélat auſſi diſtingué par le nombre
de ſes vertus, que par celui de ſes talens.

A vingt-ſix ans & quelques mois, il eſt éle-
vé ſur un des premiers Siéges de l'Egliſe de France. Ce n'eſt d'abord ni une ferveur précipitée, R o ü e n.
ni cette ébullition de zéle, ſi joſe parler ainſi,
qu'on remarque dans la jeuneſſe. Il fait voir dès
cet âge la maturité de l'Automne. Il eſt zélé &
déja ſage dans ſon zéle. Il ſçait que ſa Dignité
eſt un Miniſtere, & qu'elle impoſe autant de
charge, qu'elle doit attirer de reſpect; il ne reſ-
pire que le travail, bien éloigné de ces gens oi-
ſifs, qui au milieu de l'abondance , joüiſſent d'un
malheureux repos. Il ſe donne tout entier à ſes
fonctions, & par la bénédiction du Ciel, il s'y
donne avec ſuccès.

Les Grands n'ont point de vertu qui ne renaiſ-
ſe en tous lieux, & qui ne paſſe dans le cœur
h   d'une

d'une infinité de perſonnes avides de leur reſ-
ſembler. L'exemple de l'Archeveſque répand parmi ſon Clergé une émulation de zéle. Chacun
faiſoit ſon devoir, & en très-peu de temps il n'y
eut point dans le Royaume de Dioceſe mieux
réglé, ni de plus floriſſant en ſcience & en vertu; mais quelles peines n'eſſuye-t-il point pour
arracher ces ronces du Champ que la Provi-
dence lui a donné à cultiver, & pour avoir la
joye de lui voir ſi-toſt rapporter une pleine moiſ-
ſon?

Quelle Paroiſſe de ce Diocèſe ſi vaſte, n'a-
t-il pas viſitée, inſtruite, réglée? Avec quel courage & quelle vigilance ſçavoit-il éloigner les
Loups de la Bergerie? Tantoſt il écarte cet Homme ennemi qui vient ſemer la zizanie; tantoſt il
foudroye ce Corrupteur qui vient authoriſer le
relaſchement & le libertinage. Tantoſt il con-
fond la vanité qui veut monſtrer ſon bel eſprit
à ſouſtenir des nouveautez; mais quelle eſt ſon
application à régler le dedans? Il preſche, il parle, de tous coſtez, à tous momens, pour éclairer
ſon Peuple. Il s'attache principalement à commu-
niquer ſes lumieres aux Paſteurs ſubalternes qui
le gouvernent ſous ſes Ordres. Il n'oublie rien
pour les inſtruire : Exhortations, Remonſtran-
ces, Synodes, Conferences; il les gagne par ſon
honneſteté, il les réduit par ſa patience. S'il
corrige, il touche les cœurs ſans les attriſter;
perſuadé que les Chefs de la Religion qui re-
preſentent le Fils de Dieu, ne doivent pas tant

exercer

exercer fon authorité, qu'imiter fa miféricorde,
& qu'en vain fe glorifient - ils d'eftre les Succef-
feurs de fa Puiffance, s'ils ne le font de fa Charité.

Deux vertus principales font néceffaires à un
Evefque; le zele, la prudence. Le zele pur bruf-
le fouvent quand il ne faudroit qu'échauffer;
la prudence feule eft quelquefois trop circonf-
pecte, elle voit l'impiété avec horreur, mais
elle n'a point le courage de l'attaquer. Autant que M^r DE HARLAY eftoit humain
au Pécheur, autant eftoit - il exact à bannir le
péché ; compatiffant à la foibleffe, mais chaf-
tiant la rechute & l'obftination. Si fes avis fai-
foient connoiftre le mal, fa douceur en faifoit
aimer le remede, & on voyoit toûjours en lui
au travers de fa féverité, une tendreffe paternel-
le ; cependant fa bonté n'avoit rien de foible ; &
après avoir épuifé les adreffes de fa charité, il
fçavoit bien, le glaive en main, brifer l'orgüeil
& la fuperbe.

Il y a deux fortes de bonté : L'une eft
éclairée par les lumieres de l'efprit, l'autre eft
aveugle parce qu'elle n'agit point par lumiere.
La premiere eft fouftenuë par une fage fermeté,
la feconde au contraire n'eft qu'une molle con-
defcendance. Celle-ci ne convient qu'à des ames
foibles, comme l'autre eft le caractere de ces
Genies fuperieurs, qui fçavent réünir la fimpli-
cité des Colombes & la prudence des Serpens.
Heureufe alliance qu'on admiroit dans la con-
duite

duite de ce grand Archevefque ; fa bonté n'em-
pefcha jamais le cours de fa juftice, comme fa
juftice n'empefchoit point le cours de fa bonté.
Je paffe fous filence bien des exemples qui fe pré-
fentent, d'une vigueur judicieufe à maintenir les
Privileges & les Droits de l'Epifcopat. Je cherche une occafion d'éclat pour faire voir dans un
beau jour la fermeté de ce Grand Homme.

Lorfqu'il eftoit encore Archevefque de Roüen,
un de fes Suffragans entreprend de mettre la Faux
dans la moiffon d'autrui. On en porte fes plaintes
à Mr DE HARLAY. On pourfuit, on le preffe
de rendre enfin un jugement. Peut-eftre n'y eut-
il jamais de conjonéture plus délicate, foit que
l'on confidere l'eftat de ceux qui fe plaignoient,
foit que l'on fift réfléxion fur le crédit & fur la
fortune de celui dont on fe plaignoit. Ceux-là
eftoient dans la difgrace, celui-ci eftoit un Ele-
ve & un Homme de la faveur. Les premiers eftoient expofez à l'indignation du Miniftre ; le
fecond eftoit à couvert à l'ombre de fes aifles.
Si M. DE HARLAY faifoit juftice aux uns, il
faifoit déplaifir au Protecteur de l'autre. S'il obligeoit le Protecteur, il avoit à fe reprocher de
n'avoir point rendu juftice. Demeurera-t il ferme
dans un pas fi gliffant ? Il y a une magnanimité
Chreftienne qui s'éleve au deffus des craintes &
des complaifances humaines. Le peril ne l'eflon-
ne point dans le temps mefme que la fortune eft
à la veille de le quitter. Sa grande ame paroift
toute entiere dans ce courage qui ne craint rien,

qui

qui furmonte tout, qui fait un Sacrifice des con-
fiderations du monde à la Majefté des Canons,
& à l'amour de la juftice.

Parmi tant de vertus, oublirois-je fa tendreffe
& fa charité pour les malheureux. Je ne parle
point ici de fes Aumofnes ordinaires, ni des pen-
fions confiderables qu'il donnoit à plufieurs Fa-
milles de pauvre Nobleffe. Cette vertu ne fe fait
jamais mieux connoiftre que dans les occafions
extraordinaires. Roüen eft affligé d'un des plus
grands fléaux : Le bras de Dieu s'appefantit fur
cette Ville, & la Pefte rompant le Commerce,
réduit les pauvres Ouvriers aux dernieres extrémitez. Une autre année il arrive une difette.
Dans ces temps de calamité où la mifere aug-
mentant, les Pauvres ont plus de befoin, & le
Riche moins de volonté & de moyens de les ai-
der, l'Archevefque s'engage pour les foulager.
Sa charité coule à ruiffeaux. C'eft une fource qui
fe répand toute entiere. La Trompette ne fonne
point pour annoncer fes bonnes Oeuvres. S'il
donne aux Pauvres honteux, il leur épargne la
confufion de leur mifere, auffi charitable dans la
maniere de les fecourir, que dans le fecours qu'il
leur donne.

Cet Homme unique n'eftoit point né pour
la Province. A peine Paris a-t-il vacqué qu'il en
eft nommé Archevefque. Suprême Honneur d'a-
voir efté choifi pour la place la plus importante
de l'Eglife de France, par le plus Grand de tous
les Rois. Depuis fa Tranflation, il ne faut plus

i   le

le regarder comme un Prélat particulier. Si son Empire eſtoit borné dans les limites d'un Dio-cèſe par les droits de ſa Dignité, ſon Diocèſe n'a-voit point de bornes par l'eſtenduë de ſes lumie-res. La confiance du Prince & l'eſtime publique le rendirent bien-toſt l'Arbitre de tout le Clergé. S'il euſt permis à ſes Amis de recueillir en Corps de Droit les jugemens qu'il a rendus ſur mille eſ-peces differentes, peut-eſtre qu'un jour à venir les déciſions de ce Grand Homme, euſſent ſervi de Regles pour l'Egliſe de France. Les Religieux de tous les Ordres s'empreſſoient à l'avoir pour Juge. Qu'il eſt glorieux à ce Prélat d'avoir eſté égale-ment eſtimé & cheri de l'un & de l'autre Clergé, & que les Reguliers ſi jaloux de leurs Privileges, ayent publié plus d'une fois, qu'ils y ſeroient in-differens ſi ce Grand Homme vivoit toujours, où que l'on viſt toujours regner l'eſprit de ce Grand Homme. Depuis ſa Tranſlation, toutes les Aſ-ſemblées du Clergé le choiſirent pour Préſident. Lui ſeul, pour ainſi parler, eſtoit toute l'Aſſem-blée. Tout eſtoit muet, quand il parloit, tout eſtoit attentif; on attendoit en ſuſpens la répon-ſe de l'Oracle: Et comme s'il y euſt eu de la témérité à penſer autrement que lui, tous les ſuf-frages de l'Aſſemblée alloient à s'unir au ſien.

Mais encore quel uſage faiſoit-il d'un ſi grand pouvoir? N'en abuſoit-il point? Quand on eſt parvenu à la haute faveur, comme tout flatte l'am-bition & la cupidité, il eſt bien rare de ne jamais s'abandonner aux douceurs trompeuſes de l'une,

&

& de ne point raſſaſier l'avidité de l'autre. Tout le monde le ſçait. M^r DE HARLAY au deſſus de tout intereſt, & toujours beaucoup plus utile pour le Public, que pour lui-meſme, n'employoit ſon autorité qu'à reſtablir de tous coſtez la Diſcipline & la Paix. Sa ſageſſe, ſes Conſeils, l'admiration où l'on eſtoit de ſa maniere de gouverner, répandirent dans les Provinces un eſprit de moderation, qui tarit la ſource des troubles, & qui deſſecha pour long-temps cette mauvaiſe humeur qui faiſoit toutes les querelles du Clergé & des Réguliers, des Laïques avec le Clergé.

Comme la Foy eſt le fondement & la baſe de la Religion; avec combien de zéle s'employa-t-il dans tous les temps à eſtendre la foy, & à la conſerver dans ſa pureté? Il porte ce zéle juſques aux extrémitez du monde, par la protection qu'il donnoit à ces Hommes Apoſtoliques que l'eſprit du Seigneur & l'ardeur de leur charité enleve de temps en temps dans les contrées des Infideles, pour y annoncer l'Evangile. Quelle erreur s'éleva de ſon temps dont il ne fuſt le Deſtructeur? Quelle verité attaquée dont il ne fuſt le Deffenſeur? Il ſe gliſſe dans ces derniers temps une dévotion ſuperficielle qui retranche à l'exterieur, quelques airs mondains, & qui laiſſe au cœur la liberté de ſes déſirs, une ſpiritualité qui s'exhale en penſées frivoles & en expreſſions myſtiques, mais qui par la corruption du cœur dégénere en libertinage. M. DE HARLAY s'arme incontinent du glaive de la parole. Il foudroye ces
erreurs,

erreurs, & nous voyons qu'à son exemple, des Prélats aussi distinguez par leur profonde capacité, que par une piété singuliere, suivent ses traces aussi-tost & censurent ces nouveautez.

La Sagesse du Roy & l'admiration où l'on est de ses Vertus, de ses Victoires, acheve en quatre ou cinq ans, ce que le zéle armé de six de ses Prédecesseurs, n'avoit pu faire en un siécle. Il ramene à l'Eglise sans combat & sans résistance, près de deux millions d'Hommes que le malheur de leur naissance ou celui des temps avoit séparé de cette Sainte Mere. Miracle de piété & de prudence, & qui fut à nostre Prélat une nouvelle source de Gloire. Que ne fait-il point pour seconder ce grand dessein? Avec combien d'ardeur s'applique-t-il à former cette Eglise nouvelle? Il y travaille nuit & jour. Il n'y épargne ni ses peines ni sa santé.

L'Héréfie en fureur ne respirant que la vengeance, s'enfuit en un Royaume voisin. Elle y excite par ses cris une tempeste épouventable; on en chasse les Catholiques. Dans cette occasion avec combien de charité M. DE HARLAY recueille-t-il ces tristes débris du naufrage de nos voisins? Quels soins ne prend-t-il point par des secours continuels, de consoler ces Troupes vagabondes & abandonnées de Fideles que la Tempeste venoit de jetter sur nos bords?

Après l'amour de Dieu & de son Eglise, doit marcher l'amour de son Roy & de sa Patrie. On ne sçauroit les séparer à moins que de renverser

avec

avec l'ordre Politique, qui fait les Sujets heureux, les maximes de l'Evangile qui font les vrais Fideles. Perfonne eut-il jamais plus de zéle, plus de paffion pour les Prééminences & pour les Droits de la Couronne, qu'en avoit Mr DE HARLAY? Habile à les connoiftre, ferme à les deffendre, il a fait voir à tout le monde que le Royaume n'a point eu ni de Prélat plus éclairé, ni de Citoyen plus fidele. Perfonne a-t-il jamais eu un plus profond refpect, une eftime plus forte, ni plus d'attachement pour le Roy? Je ne m'étonne point, difoit-il fouvent, qu'un fi grand Monarque foit aimé de fes Peuples, eftimé de fes Ennemis, admiré de toute la Terre. Il y a des véritez qui emportent. Voit-on dans l'Hiftoire beaucoup de Princes & de Rois auffi habiles dans la Guerre que dans la Paix, auffi celebres & fameux par le nombre de leurs Victoires, que par celui de leurs Vertus. Ce Grand Archevefque fi capable de bien juger du mérite d'autrui, eftoit fi fort pénétré de celui du Roy, que non content de l'admirer, il le propofoit à tout le monde, comme le modele le plus parfait de toutes les Vertus.

De fes meilleurs amis le preffant avec violence de relafcher à leur priere, de la févérité des Loix. Voyez, leur dit-il, comme en ufe le Roy? Puis-je mieux faire que d'imiter le plus jufte de tous les Princes. Dans cette haute Elevation qui le met audeffus des Régles, il s'en fait une inviolable de ne rien faire que de

E   jufte

jufte. Exact & fidele à récompenfer la vertu, in-fléxible à punir le vice, il fe tait lorfque les Loix parlent, perfuadé qu'en de certains cas ce n'eft pas moins une injuftice de conferver un Sang coupable, que d'en répandre d'innocent; mais que le zéle de ce Prélat fut noblement récompenfé par toutes les bontez du Roy ; quelles preuves d'eftime plus illuftres que ces Audiances particulieres que SA MAJESTE' lui donnoit un jour de chaque femaine, que de régler fur fes avis, les differends les plus célébres de l'Eglife de France, & qu'enfin de l'avoir porté au faifte des Honneurs? Infignes faveurs qui ne fervirent à M. DE HARLAY qu'à relever de plus en plus ce caractere fingulier d'une vie modefte dans la plus haute Fortune.

Un fi Grand Homme devoit vivre toujours. Mais les Héros meurent comme les autres hommes. La Gloire ne les difpenfe point de cette fatale néceffité, & envain nous plaindrions-nous que la mort nous l'ait enlevé; s'il difparoift pour toûjours, du moins enfermons dans noftre cœur comme dans un précieux Maufolée, ce qui nous refte de lui, le fouvenir de fes bienfaits, le fouvenir de fes Vertus.

LOUIS LE GENDRE,
Chanoine de l'Eglife de Paris.